AF483022

DE L'UTILITÉ

DES

SOCIÉTÉS DE SECOURS MUTUELS

ET DES CENTRES DE RÉUNION

AU POINT DE VUE DE LA TEMPÉRANCE

PAR

A. LAILLER

Pharmacien de l'Asile des aliénés de Quatre-Mares (Seine-Inférieure).

DE L'UTILITÉ

DES

SOCIÉTÉS DE SECOURS MUTUELS

ET DES CENTRES DE RÉUNION

AU POINT DE VUE DE LA TEMPÉRANCE

C'est maintenant presque une superfluité que de rappeler les ravages causés dans les rangs de la société par l'intempérance. Aujourd'hui, il est permis de dire que peu de gens ignorent le mal causé à tous les points de vue par l'abus de l'alcool, et on peut affirmer que parmi ceux qui se livrent à cet abus, beaucoup en connaissent les tristes conséquences. Sans doute, il est bon de mettre sans cesse en évidence les dangers d'un mal qu'il s'agit de combattre, mais il me paraît pour le moins aussi utile de chercher avec quelles armes on peut livrer le combat, le soutenir, et les moyens qui peuvent conduire au succès.

Je me propose dans ce travail de montrer l'importance des services que peuvent rendre dans la croisade contre l'intempérance, les sociétés de secours mutuels, certains cercles de jeunes gens, d'ouvriers, les conférences populaires, et beaucoup d'œuvres parmi celles qui sont inspirées par une sage philanthropie.

I

Les causes de l'intempérance sont multiples, on pourrait leur consacrer tout un livre si on voulait les faire connaître et les exposer avec les développements qu'elles comportent ; pour un semblable travail, il faudrait invoquer les connaissances du philosophe, du moraliste, de l'historien, de l'économiste, du médecin, etc. Sans vouloir aborder une étude si complexe et si approfondie, il est bon cependant d'indiquer les principales causes de l'abus des boissons alcooliques afin de montrer en quoi les moyens sur lesquels je me propose d'appeler l'attention peuvent être utiles.

Je signalerai d'abord le danger des mauvaises compagnies. « Les ouvriers dissipés, paresseux, buveurs, n'aiment pas, dit avec raison M. E. Picard (1), à être seuls de leur espèce. Leur vice leur semble moins honteux s'il fait un grand nombre de victimes. Ils font agir adroitement toutes les petites passions, la fausse honte, la vanité, l'orgueil pour prendre et retenir dans leurs filets les malheureux qui se mettent à leur portée, et ils comptent pour décider leur victoire sur la force de l'habitude. Ces piéges grossiers ne réussissent hélas ! que trop souvent. »

Ceci s'applique aussi bien à toutes les classes de la société qu'aux ouvriers ; ce sont surtout les jeunes gens qui sont victimes des mauvaises compagnies. Que le jeune homme appartienne à la haute aristocratie, à la bourgeoisie, à la classe ouvrière, il rencontrera à ses débuts dans la vie sociale des jeunes gens de son rang, de sa position, de son état, de son âge, déjà portés à l'usage des spiritueux, qui l'engageront à les suivre dans la voie où ils sont engagés ; on l'y entraî-

____

(1) *Dangers de l'abus des boissons alcooliques* ; Manuel d'instruction populaire à l'usage des instituteurs, par M. Eugène Picard ; ouvrage couronné par la Société française de Tempérance et publié par ses soins. Paris, librairie de E. Donnaud, 9, rue Cassette.

nera, si des influences opposées ne l'en préserve, par l'appât des distractions, du plaisir, du bruit, du mouvement; on aiguillonnera son amour-propre, on suscitera en lui le désir de paraître un homme, de ne plus avoir l'air d'être sous la tutelle de ses parents, de ses précepteurs, de ses maîtres, on le grisera de vanité, et, nouveau venu, il sera accueilli avec empressement, avec force démonstrations de cordialité par ceux qui sont déjà passés maîtres dans *l'art de boire*. Combien de jeunes gens élevés par des parents honnêtes, laborieux, sobres, sont entraînés au vice de l'ivrognerie, rien que par les mauvais exemples et les mauvais conseils de leurs camarades d'atelier! Combien de fils de famille, élevés dans les meilleurs principes, deviennent buveurs, intempérants par suite de la triste et néfaste influence des jeunes hommes qu'ils rencontrent dans la société, sur les bancs des écoles, dans les cercles, dans les bals, etc. ! Cela est si vrai que tous les jours on entend dire en parlant d'un jeune homme, et même d'un homme fait, dont la conduite est devenue déréglée : « Ce sont les mauvaises compagnies qui l'ont perdu. »

Une autre cause de l'intempérance, c'est le désœuvrement. Il y a en dehors des positions sociales où la fortune dispense du travail rémunérateur, beaucoup de professions qui laissent à ceux qui les exercent de longues heures de loisir; il y en a qui laissent libres toutes les soirées, d'autres certains jours de la semaine, d'autres qui ne demandent que quelques heures par jour; presque toutes ne réclament pas de travail le dimanche, ou, si le dimanche ne peut être respecté, il est remplacé par un autre jour de repos et de loisir. Ce sont dans ces moments où aucune occupation n'est imposée que, si on n'y prend garde, naît le désœuvrement. Oh! alors, malheur à celui qui en subit les étreintes. Le désœuvrement ouvre la porte à toutes les tentations, il engendre l'ennui, il amollit l'homme, il le rend impropre à soutenir la lutte incessante que nous créent non-seulement les nécessités de la vie, mais encore nos mauvais penchants, et, sous son empire, les dangereuses compagnies aidant, l'homme trompe son ennui, stimule son indolence par l'usage des spiritueux, usage trop souvent suivi de l'abus.

Aux dangers des mauvaises compagnies, aux pernicieux effets du désœuvrement, il faut joindre, comme cause de l'abus des boissons alcooliques, la pénurie des moyens moraux de récréation, de distractions, et le petit nombre de centres de réunion où l'usage de ces mêmes boissons est banni. De même que l'homme a besoin de reposer son corps, de même il a besoin de délasser son esprit, de le distraire ; or, j'établis en fait que les distractions que peuvent se procurer les jeunes gens et surtout les classes ouvrières en dehors de celles que leur fournissent les estaminets et les cabarets, ne répondent pas à leurs besoins.

Où les jeunes gens qui n'ont pas de famille dans le lieu qu'ils habitent passeront-ils les heures de loisir que leur laissent leurs études ou leurs occupations administratives, industrielles, commerciales? A la promenade, dira-t-on; soit, pendant l'été, et encore, comme le temps manque pour entreprendre de longues excursions, il faudra qu'ils fassent presque toujours la même promenade ; de là, monotonie et ennui. Dans l'hiver, où iront-ils ? Aux bibliothèques, aux cabinets de lecture, aux cours publics, dira-t-on encore. Sans doute, tout cela leur est ouvert, mais croit-on que le jeune homme auquel les occupations laisseront une ou deux heures de liberté par jour, ira, après avoir quitté son travail, se livrer à l'étude, lire ou écouter un professeur ? Il pourra le faire quelquefois, pendant un moment, mais d'une façon suivie, régulière, ce n'est guère possible; d'ailleurs, la jeunesse a soif de distractions enjouées, de gaieté, il lui faut le mouvement, l'entrain, on ne peut pas penser qu'elle jouira comme l'âge mûr de ces heures de calme, où l'esprit se repose dans de douces rêveries, dans des études attrayantes, dans des conversations intimes : il lui faut un autre genre de distractions, elle le cherche, et, tout en la trompant, l'estaminet le lui offre.

L'ouvrier a, les jours ouvrables, très-peu de loisirs ; je laisse de côté les ouvriers qui ne travaillent que quelques jours par semaine et qui emploient les autres à dépenser au jeu, au libertinage ce qu'ils ont gagné ; je ne parle que des ouvriers laborieux et rangés ; ceux-ci, dis-je, ont peu de loisirs ; lorsque la journée est finie, lorsque le repas du soir est pris, l'heure du sommeil arrive bientôt. Si le besoin du repos au lit ne se fait pas sentir, l'ouvrier dont l'esprit n'a pas été captivé tout le jour, comme cela a lieu dans beaucoup d'autres professions, consacrera volontiers quelques instants, même quelques heures à la lecture, il aura encore les ressources précieuses des cours d'adultes qui se font le soir ; et, si déjà il possède un degré d'instruction suffisant, il suivra avec profit et attrait les cours publics et les conférences ; sans doute, il trouvera encore sur son chemin les cafés, les cabarets, les incitations au jeu, à l'intempérance ; il sortira, ou du moins il pourra sortir de chez lui, du restaurant ou de l'atelier avec un but louable et qui lui sera profitable à tous égards.

Mais le dimanche, surtout quand le temps est mauvais, lorsque toute promenade est une gêne, que feront ces jeunes gens qui n'auront pas les avantages de la vie de famille, à quelque classe qu'ils appartiennent ? Ceux qui auront conservé des sentiments de foi et de piété passeront à l'église le temps des offices, mais ceux chez lesquels ces sentiments n'existent plus, où iront-ils ? que feront-ils ? Quelques-uns peut-être se créeront d'honnêtes et agréables relations ; leurs parents, s'ils sont prévoyants, chercheront, quoique éloignés, à les leur procurer ; quant à ceux qui ne pourront jouir de cet avantage, ils seront exposés à faire comme bon nombre de leurs camarades, c'est-à-dire à aller au café.

On objectera que le fait d'aller au café ne constitue pas l'abus des boissons alcooliques ; c'est incontestable ; bon nombre de personnes y vont presque quotidiennement sans faire d'excès et il en est même qui ne consomment aucun spiritueux ; mais on ne pourra nier que la tentation de boire ne s'y fasse sentir plus qu'ailleurs et que l'influence des mauvais exemples n'y règne constamment. De plus, fait non assez connu quoique la science l'ait cependant parfaitement démontré, l'atmosphère lourde, viciée des estaminets influe d'une façon fâcheuse sur les fonctions intellectuelles. M. le docteur Legrand du Saulle, médecin aliéniste, compétent, conséquemment, pour traiter de semblables questions, a présenté à l'Académie des sciences dans la séance du 14 janvier 1861, un mémoire ayant pour titre : *De l'insalubrité de l'atmosphère des cafés et de son influence sur le développement des maladies cérébrales*, et dont voici le résumé :

« Après avoir fait ressortir le concours de circonstances
» contraires aux lois de l'hygiène que présentent les estami-
» nets, M. Legrand du Saulle déclare que dans un grand
» nombre de cas, les individus chez lesquels la fréquentation
» des estaminets est dégénérée en habitude invétérée finissent
» après un temps variable, et dont il lui est extrêmement dif-
» ficile de fixer la durée, par subir, à des degrés différents,
» une sorte d'intoxication spéciale, caractérisée par des phéno-
» mènes qui trahissent d'une manière non équivoque, l'afflux
» sanguin vers le cerveau. Il lui a semblé que l'on pouvait
» facilement reconnaître trois périodes distinctes dans cette
» sorte d'empoisonnement à forme congestive, et il a tracé
» un aperçu symptomatologique et différentiel de chacune
» d'elles.

» D'après l'auteur, l'intoxication est rendue facile lorsque
» les habitudes de café sont contractées tardivement, quand
» les sujets sont âgés de 40 à 55 ans; qu'ils sont forts, replets,
» pléthoriques, et qu'ils sont arrivés à cette phase de la vie où
» l'on savoure, dans une oisiveté trop souvent fatale, les
» jouissances qu'a procurées un long et pénible labeur.
» M. Legrand du Saulle a remarqué que la classe des anciens
» négociants et celle des officiers en garnison était la plus
» maltraitée par les effets de l'atmosphère des cafés, et cela
» en dehors de toute cause d'alcoolisme, puisque les accidents
» qu'il a décrits se rencontrent chez des hommes sobres qui
» font de l'estaminet un rendez-vous d'affaires ou de plaisir

» et non point un lieu où l'on se rend pour acheter l'i-
» vresse.

» L'auteur pense que ce qui tend à prouver le caractère
» spécial de cette variété d'empoisonnement à forme conges-
» tive, c'est que tous les phénomènes observés, surtout dans
» la première et la deuxième période, disparaissent sponta-
» nément peu de temps après la cessation de la cause.

» M. Legrand du Saulle termine son travail en admettant
» cette proposition que toutes les maladies aiguës ou chro-
» niques qui affectent le cerveau et dont l'étiologie reste im-
» pénétrable, peuvent, environ une fois sur dix, n'avoir point
» d'autre cause qu'un séjour, depuis un certain nombre d'an-
» nées, d'une ou de plusieurs heures par jour, dans l'atmos-
» phère chaude et viciée des cafés. »

Si les jeunes gens, ouvriers ou non, ont plus d'incitation
pour les cafés et les estaminets que les hommes mariés, que
les pères de famille, il ne faut pas croire cependant que ceux-
ci, lorsqu'ils appartiennent surtout à la classe ouvrière, n'aient
pas leur part de tentations, et qu'ils ne ressentent pas le
besoin d'aller chercher au dehors des distractions que leur
intérieur ne peut leur procurer. Le pinceau du peintre, la
plume de l'écrivain, la parole de l'orateur ont fait les plus
touchants tableaux de la vie de famille; là, l'artiste n'avait
pas à invoquer les ressources de son imagination, il n'avait
pas à faire appel à des figures ou à des sujets allégoriques
pour peindre le bonheur domestique, il n'avait qu'à repro-
duire ce que l'on voit encore, Dieu merci, si souvent de nos
jours dans la demeure de l'artisan comme dans celle du
riche, lorsque le chef de la famille sait par ses vertus se
faire aimer, se faire respecter des siens ; lorsqu'il fait tous
ses efforts pour les rendre heureux dans la mesure des
moyens dont-il peut disposer et suivant les conditions so
ciales dans lesquelles il est placé; mais quoique ce bonheur
soit bien réel, quoiqu'il soit d'un puissant secours pour pré-
venir le penchant aux habitudes d'intempérance, il ne peut
pas faire qu'il puisse toujours suffire à celui qui en jouit. Ne

l'oublions pas, l'homme a ses faiblesses, il a ses heures de découragement, de lassitude morale, de dépression intellectuelle ; que son esprit se trouve dans cet état, le dimanche, un jour férié, et que pour échapper à ce malaise intime, il sorte de chez lui, le soir, pendant ces longues veillées d'hiver, il ne pourra être accompagné de sa femme, de ses enfants, il sortira donc seul ; il n'aura peut-être pas l'intention d'aller au café, il pourra se proposer uniquement d'aller voir un ami, de se promener, mais qu'une invitation lui soit faite par quelqu'un de sa connaissance, d'entrer dans une de ces salles où la lumière brillante, le bruit des voix, celui des jeux constituent une si vive provocation, les dispositions de son esprit lui permettront-elles de refuser ? Ce n'est pas probable, au contraire, tout porte à croire qu'il succombera. La faute en elle-même, pourra fort bien n'être pas grave; voyons néanmoins ce qu'il arrivera. Il passera au café, ce jour-là, un temps plus ou moins long, une demi-heure, une heure, deux heures peut-être, généralement le temps y passe vite; il y jouera probablement, il consommera probablement encore un liquide spiritueux quelconque, et, j'admets sans en faire excès; il assistera à ce va-et-vient des consommateurs, il sera étourdi, peut-être fasciné par leur gaieté plus bruyante que réelle, il y rencontrera des personnes de sa condition, de son état, hôtes habitués des cafés qui viendront lui serrer la main, qui lui feront fête, et dont l'accueil sera d'autant plus chaleureux qu'ils se réjouiront de le voir entrer dans la même voie qu'eux et qu'ils espéreront pouvoir l'y entraîner. Il sortira de là avec une surexcitation intellectuelle qu'il prendra pour du bonheur et qui lui suscitera le désir, pour un autre jour, de revenir au même lieu. En rentrant chez lui, ce semblant de bonheur s'envolera; s'il n'est pas accueilli par des paroles amères ou par des reproches, en pareille circonstance il est plus sage de n'en pas faire, il trouvera sur la figure de sa femme, de ses enfants, une expression de tristesse; et, s'il a de tout petits enfants, il pourra bien s'entendre dire; « Ah ! père, tu nous a laissés

seuls, maman était chagrine, où as-tu été? » Nul doute que
la conscience du père de famille ne lui fasse sentir qu'il a
mal agi; s'il a du cœur, comme je le suppose, il écoutera
le cri de sa conscience; s'il n'en a pas, il l'étouffera. D'une
manière ou de l'autre le premier pas a été fait, les reproches intérieurs du moment seront combattus par ces mille
raisons que nous trouvons toujours pour nous excuser, et
si nous ne les trouvions pas, nous ne manquerions
pas d'amis complaisants qui nous les fourniraient en abondance; d'ailleurs, en pareille circonstance, il y a un mot
dont on se paie, on dit : j'ai dépensé un peu d'argent,
j'ai délaissé un moment ma maison; c'est égal, je me suis
bien amusé.

Ah! voilà le point de départ du mal: s'amuser. Oui, le père
de famille qui est allé passer une soirée au café y retournera,
ou, s'il n'y retourne pas, il luttera contre le désir d'y retourner,
parce qu'il se dira : si j'y étais, je m'amuserais. Ce n'est pas
pour boire qu'il y est allé la première fois, ce n'est pas pour
boire qu'il désire y aller encore; non, je répète le mot avec
intention, c'est pour s'amuser. S'il ne faisait que de s'y distraire, on ne trouverait peut-être là rien de blâmable; pour
ma part, je trouverais encore l'action mauvaise, parce que,
dans une famille, il n'y a pas que le chef qui ait besoin de
distractions, la mère, les enfants en ont également besoin, et
il n'est rien de plus moral que de voir toute la famille prendre
part aux mêmes plaisirs; je reviendrai sur ce sujet.

Quoi qu'il en soit, si en allant au café l'ouvrier n'y trouvait
qu'une occasion de repos et de délassement, le mal ne serait
pas inquiétant pour son avenir, mais il y a un danger contre
lequel on n'est pas assez prémuni, qui n'a pas été signalé
d'une façon assez évidente et je dirai assez populaire, ce
danger, c'est l'entraînement. (M. Picard, cependant, lui a
consacré un chapitre dans son *Traité populaire*). Dans le cas
présent, ce mot n'a pas la signification qu'on lui prête le plus
généralement, il ne s'agit pas ici de la faiblesse avec laquelle
on cède à de mauvais conseils, à de mauvais penchants, à de

mauvais exemples; il ne s'agit pas de la puissance des passions qui *entraîne* au mal, il s'agit de la tendance que l'homme éprouve à rechercher ce qui lui a procuré un moment de bien-être, de jouissance, et du sentiment qui le pousse à augmenter graduellement la somme de satisfaction qui l'a rendu un moment heureux. Les exemples de l'entraînement sont de tous les jours : l'avare qui désirait d'abord amasser une somme relativement faible et qui ne trouve de bonheur qu'en augmentant sans cesse son trésor, subit l'influence de l'entraînement; l'homme qui n'a pas su modérer ses goûts, ses appétits, et à qui il faut tous les jours de nouvelles jouissances, obéit à l'entraînement. Eh bien! l'homme, l'ouvrier principalement, qui commence à aller au café le dimanche, les jours fériés, pour goûter quelques moments de plaisir, sera poussé à y aller plus souvent, parce que les moments qu'il y passait primitivement un jour la semaine ne le satisferont plus, et, peut-être le jour viendra où il sera compté parmi les piliers de cabaret. Si l'entraînement se fait sentir d'une manière si funeste dans l'habitude d'aller au café, il agit d'une manière plus funeste encore et beaucoup plus fréquente dans l'habitude de boire; il est là sur son véritable terrain. L'excitation agréable que produit l'ingestion d'un liquide spiritueux, inspire le désir de se la procurer dans telle ou telle circonstance, puis, ces circonstances éloignées d'abord se rapprochent, elles deviennent fréquentes; voilà un premier mal. Un second, plus grand encore, c'est que pour se procurer cette excitation agréable dont je viens de parler, il faut, lorsqu'on la provoque souvent, augmenter graduellement les doses du liquide alcoolique; ce qui avait suffi hier pour la produire ne suffit plus aujourd'hui, et, ainsi, de degré en degré, l'homme qui n'était allé au café que pour y trouver un moment de plaisir, qui n'avait consommé qu'une faible quantité de liqueurs alcooliques pour exciter légèrement son esprit, arrive à l'état de buveur, en subit et en fait subir aux autres les tristes conséquences. Que l'on n'allègue pas que ce tableau est exagéré, parce que beaucoup d'hommes qui vont au café et qui font usage de boissons spiritueuses, restent malgré cela dans des limites que l'on appelle raisonnables ; ce tableau n'est que trop réel, et il est d'observation que bon nombre d'ivrognes ne l'ont pas été d'emblée, c'est petit à petit, et sous l'influence de l'entraînement, qu'ils sont arrivés à cet état. Sans les assimiler aux buveurs dont j'ai parlé dans un précédent mémoire (1) qui sont poussés à boire par suite de troubles dans leur organisation morale et physique, et qui conséquemment sont à plaindre et à soigner, les intempérants ne sont pas tous indignes de pitié et d'indulgence. Bon nombre ne se seraient pas ainsi avilis s'ils avaient été mieux renseignés sur les dangers auxquels ils s'exposaient, et un plus grand nombre encore aurait échappé au mal si ces dangers n'avaient pas été si nombreux et si attrayants.

Les dangers que j'ai signalés comme cause de l'intempérance, contre lesquels les Sociétés de secours mutuels, les cercles catholiques, les cercles d'ouvriers, les associations analogues, les conférences, etc., peuvent lutter sont donc : les mauvaises compagnies, le désœuvrement, l'absence de réunions où on peut se distraire sans subir les tentations des boissons spiritueuses.

II

Sociétés de secours mutuels.

« Il y a toujours quelque chose de bon, dit M. le baron de Gérando, dans un lien qui rapproche les hommes, qui confond leurs intérêts, qui les rend solidaires les uns des autres. La Société de prévoyance est une confraternité, l'assistance mutuelle est un exercice de mutuelle bienveillance, elle joint aux combinaisons de la prudence le mérite d'une bonne action ;

---

(1) *De la nécessité de l'intervention médicale pour combattre les dispositions natives à l'abus des boissons,* par **A. Lailler.** *Bulletin de la Société française de Tempérance,* 1875 p. 155.

car la portion d'épargnes qui n'est pas recueillie par le sociétaire qui les a versées, profite à ses associés. Les conditions imposées pour l'application des secours sont un avertissement contre les désordres, un encouragement à observer une conduite honnête, *une recommandation d'être fidèle à la tempérance*; pour recueillir les avantages de l'association, le sociétaire doit mériter l'estime de ceux qui la composent.

» Cette heureuse nécessité élève son caractère ; il goûte aussi une légitime fierté, en pensant qu'il doit à ses propres efforts, la garantie qu'il a obtenue, qu'il n'est point exposé à invoquer la pitié d'autrui, et ce sentiment de l'indépendance redouble son courage comme il développe ses facultés (1).

» Les associations de secours mutuels, selon M. le Dr Deboutteville, renferment plus de principes de moralisation que les caisses d'épargne, parce qu'elles rapprochent les individus dans des sentiments de bienveillance réciproque, leur créent des intérêts communs, développent leur intelligence par la pratique de l'administration de la Société et les entretiennent dans cette pensée : Qu'une *conduite de débauche et de désordre les priverait de l'estime de leurs coassociés et des secours de la caisse commune* (2). »

Villermé, qui s'est occupé avec tant de sollicitude et une si haute compétence du sort des classes ouvrières, faisait ressortir dès l'année 1829, dans un discours prononcé devant l'Assemblée générale de la société philanthropique de Paris, les avantages des Sociétés de secours mutuels ; plusieurs fois dans ses écrits, dans ses rapports, il est revenu sur le même sujet, et dans son appréciation de l'ouvrage de M. Deboutteville, que je viens de citer, il a exposé et développé les principes qui doivent présider à la fondation de ces sociétés. C'est que pour ce moraliste impartial, pour ce véritable philanthrope, les

---

(1) *De la bienfaisance publique* t. 3, pp. 72, 99, 100.

(2) *Des Sociétés de prévoyance et de Secours mutuels*. Recherches sur l'organisation de ces institutions par le Dr E. Deboutteville, directeur de l'asile départemental des aliénés de la Seine-Inférieure. 1844, p. 22.

Sociétés de secours mutuels, bien organisées, constituent un bienfait réel pour la moralisation et le bien-être des classes ouvrières; aussi, M. le Dr J. Béclard, dans l'éloge de Villermé, prononcé dans la séance publique annuelle de l'Académie de médecine du 12 décembre 1865, a eu soin de rappeler la part que Villermé avait prise dans la formation de ces sociétés, et pour faire comprendre tout l'intérêt qu'elles lui inspiraient, il a ajouté : « Prélever une faible part sur le travail de chaque jour pour secourir les malades et les infirmes, constituer des caisses de retraite pour la vieillesse, soutenir les orphelins en leur inspirant le désir d'acquitter plus tard la dette de reconnaissance, développer par l'étendue du sacrifice *le sentiment de la fraternité*, enseigner enfin à celui qui travaille à ne compter que sur lui-même et relever en lui *la dignité* d'homme, tels sont les bienfaits d'une institution qu'on ne saurait trop s'appliquer à faire prospérer. »

Ces citations expriment avec plus de vigueur, plus d'ensemble et surtout avec plus d'autorité que je ne pourrais le faire, le mérite des Sociétés de secours mutuels; cependant, je signalerai en quoi elles servent spécialement la cause de la tempérance.

D'abord, les statuts de ces sociétés excluent les hommes adonnés à la boisson. Je sais que dernièrement un membre de la Société l'Émulation chrétienne de Rouen, en a été exclu à cause de ses habitudes notoires d'intempérance. Les statuts de cette Société, comme ceux de beaucoup d'autres sans doute, refusent tout secours aux sociétaires qui deviennent malades à la suite de rixes survenues dans l'état d'ivresse. Dans son projet de règlement, M. Deboutteville proposait d'infliger une amende de 5 fr. au sociétaire qui ferait usage en état de maladie, pendant la durée des secours payés par la Société et sans autorisation de médecin, de liqueurs enivrantes, et une amende de 10 fr. s'il y avait ivresse. En cas de récidive dans le cours de la même maladie, perte des secours de la Société pendant la durée de la maladie actuelle. Si donc les membres de ces sociétés, et je n'ai en vue ici que celles qui tiennent à l'exécution de leurs règlements, ne s'adonnent pas au vice de l'ivrognerie, ils n'auront pas dans leurs relations entre' eux, dans leur commerce, à lutter contre de mauvais conseils et à subir les pernicieux effets des mauvais exemples; ils seront, si je peux parler ainsi, en bonne compagnie.

Lorsqu'une Société de secours mutuels compte de nombreux membres, plusieurs centaines, ils ne peuvent se connaître tous, il n'y a fraternité entre eux que pour leur soulagement mutuel en cas de maladie ou de vieillesse; quand ils sont en nombre plus restreint, ils se connaissent davantage, il s'établit entre eux des liens plus intimes, de là naissent ces relations amicales entre familles, entre individus qui contribuent tant au bonheur de la vie; ces mille services que tous les jours on est appelé à se rendre réciproquement, qui ont tant de prix dans le malheur ou en temps de maladie; puis. que le travail vienne à manquer, que l'ouvrier se trouve condamné à ce repos, ou pour mieux dire, à cette oisiveté qui, en apportant la gêne dans son intérieur, assombrit son esprit, le tourmente et le rend plus facile à se laisser vaincre par les séductions du cabaret. ses coassociés, les membres qui suivent avec lui la même bannière et qui sont devenus ses amis lui viendront en aide, ils chercheront à lui procurer du travail, ils le seconderont, ils ne restera pas isolé et le découragement avec ses conséquences, si tristes au point de vue de la moralité, aura moins de prise sur lui. Dans les sociétés qui comptent beaucoup de membres, ces relations, quoique moins facilement, s'établissent de même. Il y a ordinairement un local, un jour et des heures fixés pour recevoir les cotisations; or, il est presque impossible que des hommes, des familles, — car beaucoup de sociétés comptent des femmes et des enfants parmi leurs membres, — se rencontrent fréquemment dans un même lieu, où ils viennent pour le même motif sans lier conversation, sans s'informer réciproquement de leur profession, de leur demeure, etc.; les ouvriers d'ailleurs, se lient vite entre eux, ils sont dans des situations à peu près analogues, ils ont les mêmes besoins; et, par cela même qu'ils mettent en commun les petites épargnes qu'ils prélèvent sur leur salaire et que tant d'autres dépensent follement, ils se sentent attirés les uns vers les autres. Ces sociétés, en prohibant l'abus des liqueurs enivrantes, en favorisant les rapports entre les individus recommandables par leur moralité constituent un frein contre le penchant à l'intempérance. Il y a donc lieu, à ce point de vue, de souhaiter qu'elles se généralisent de plus en plus, qu'elles restent fermes dans l'exécution de leurs règlements, qu'elles rendent plus sévères encore ceux qui ont trait aux excès alcooliques, et que le nombre des ouvriers qui en font déjà partie s'accroisse de jour en jour. Je ne prétends nullement affirmer que tous les membres des Sociétés de secours mutuels soient des hommes sobres, le vice malheureusement se rencontre partout, mais il est certain que les membres qui s'adonnent à la boisson sont en très-faible minorité, et, par cela même, qu'ils sont peu fréquentés par leurs coassociés; en outre, l'homme qui s'impose quelques sacrifices dans la pensée que la maladie, les infirmités, pourront l'atteindre, que la vieillesse le rendra impropre au travail, ne doit pas être un buveur de profession.

Ces sociétés peuvent encore par d'autres moyens lutter contre les autres causes de l'intempérance que j'ai signalées. Je ne parlerai pas du désœuvrement qui, à part le jour de repos et le temps de chômage, n'atteint pas les ouvriers, elles ne pourraient quand même le combattre ; j'indiquerai les conditions sociales dans lesquelles il a plus d'influence. Je veux m'arrêter sur les distractions que ces sociétés sont susceptibles de fournir. Au lieu d'indiquer ce qu'il y aurait à faire, je vais me borner à exposer ce qui se fait dans l'une de nos Sociétés de secours mutuels de province.

Le précédent numéro du Journal *la Tempérance* contenait une note dans laquelle je rendais compte d'une séance publique de la Société de secours mutuels, l'Émulation chrétienne de Rouen, à l'occasion de la distribution des récompenses qui lui avaient été accordées, à elle-même et à deux de ses membres, par la Société de tempérance. La Société l'Emulation chrétienne, fondée le 2 décembre 1849, autorisée le 4 juin 1850, approuvée le 17 septembre 1853, reconnue établissement d'utilité publique le 26 juillet 1864, avait inséré dans ses statuts qu'elle se proposait de récréer ses associés par des exercices de musique vocale. Six ans environ après sa fondation, elle commença à remplir, dans des limites modestes, cette partie de son programme ; des réunions chantantes eurent lieu de temps en temps ; à la musique vocale on joignit la musique instrumentale; ces concerts devinrent plus fréquents, et enfin la Société organisa d'une manière régulière, des soirées musicales dont le succès a été en grandissant. Voici sur quelle organisation reposent ces soirées.

Nulle somme dans les dépenses qu'elles nécessitent n'est prise sur le montant des cotisations, rien ne détourne celles-ci du but auquel elles sont destinées. Ces dépenses sont couvertes par le prix d'entrée qui est fixé à 10 centimes pour les soirées ordinaires, et à 15 centimes pour les soirées dites extraordinaires ; les enfants paient demi-place. Pour augmenter les recettes, et surtout pour faire bénéficier un plus grand nombre de familles de ces réunions, on les a rendues publiques, mais pour les personnes qui ne font pas partie de la Société on a élevé un peu le prix d'entrée ; il est de 20 centimes pour les soirées ordinaires et de 25 centimes pour celles qui ont plus d'éclat ; les enfants, encore, paient demi-place. Tout le public est assis; la salle est parfaitement éclairée et à l'une de ses extrémités s'élève un petit théâtre.

Le programme se compose de romances, de chansonnettes, de chœurs ; tous ces morceaux sont chantés par des hommes, *on n'admet pas de chanteuses* ; il y a un petit orchestre accompagnateur ; quelquefois il y a des morceaux de déclamation. Dans les soirées dites extraordinaires, on entend des artistes en renom, soit dans la musique vocale, soit dans la musique instrumentale ; parfois, c'est un prestidigitateur qui vient émerveiller l'assemblée ; d'autres fois, et cela plus souvent, c'est la musique des régiments qui prête son intéressant concours. Les chanteurs sont recrutés le plus possible parmi les membres de la Société. Il est bien entendu que l'on ne cherche pas dans ces réunions la perfection de l'art ; ce que l'on cherche, avant tout, c'est un amusement moral. Comme les chanteurs de la Société ne pourraient suffire, on en appelle d'autres. Tous sont rétribués, sociétaires ou non ; la rétribution n'est pas élevée, mais enfin elle existe , elle stimule ceux des membres qui ont de la voix et qui peuvent apprendre quelques morceaux.

Ces soirées ont lieu chaque dimanche depuis le premier dimanche d'octobre jusqu'à Pâques ; elles commencent à six heures et demie et finissent à 10 heures et demie. Pendant l'hiver 1874-1875, l'auditoire a été, pour chaque soirée, de 1,000 personnes en moyenne.

La police de la salle se fait par les membres eux-mêmes, on n'y voit aucun agent de la force publique. Le Président, ou en son absence le Vice-Président, assiste à la soirée ; il accorde ou refuse l'autorisation de chanter telle ou telle chansonnette ; ce qui touche à la politique ou ce qui est contraire à la morale est banni. Des membres portant à la boutonnière l'insigne de la Société sont postés de place en place dans la salle à l'extrémité des bancs, pour exercer leur surveillance ; plusieurs se tiennent à l'entrée pour exclure les hommes échauffés par la boisson qui voudraient pénétrer dans la salle ; ils en éloignent également les enfants qui ne sont pas accompagnés de leurs parents. Il est expressément défendu d'y manger et d'y boire.

Afin que ces réunions atteignent bien le but que l'on s'est proposé, c'est-à-dire, je le répète, de procurer des délassements aux familles entières, un petit appartement est réservé aux mères qui ont de jeunes enfants au sein et au

biberon, et qui, pour les soins qu'elles ont à leur donner,
sont obligées de quitter momentanément la salle.

Les entr'actes sont assez courts pour que les auditeurs
n'en profitent pas pour aller faire une station au cabaret;
pour le même motif, on n'accorde pas le droit de réserver sa
place. Pendant plusieurs années les soirées finissaient à
dix heures au plus tard ; on a remarqué que cette heure
n'était pas assez avancée, qu'il y avait encore trop de monde
dans les rues et trop de tendance à prolonger au café, au
cabaret ou ailleurs, la soirée passée dans la salle de la Société;
on a alors retardé d'une demi-heure au moins la fermeture
de la salle.

L'idée qui a inspiré ces réunions, la persévérance des
efforts pour assurer leur succès ne pouvaient manquer d'at-
tirer des sympathies à l'œuvre de la Société l'Émulation; c'est
ce qui a eu lieu. En voici un exemple : La municipalité de
Rouen avait donné à la Société, dès l'époque de sa fondation,
pour y tenir ses séances, la partie supérieure de l'ancienne
église du couvent des Augustins, cette église ayant été di-
visée dans le sens de la hauteur en deux parties; le rez-de-
chaussée sert de magasins. Deux autres Sociétés de secours
mutuels, moins importantes que la Société l'Émulation, tiennent leurs séances dans le même local. Jusqu'en 1872 ou
1873, cette salle était éclairée par des lampes dont le nombre était restreint, la lumière n'y abondait pas; les soirées
étaient ainsi privées d'un élément qui contribue toujours à
l'éclat d'une fête, d'une réunion. La Société ne pouvait pas
avec ses recettes pourvoir à l'installation du gaz; elle a fait
appel à la générosité du conseil municipal qui s'est empressé
de lui voter une somme de cinq cents francs. Des personnes
notables de la ville lui sont également venues en aide, et
aujourd'hui de nombreux becs de gaz éclairent la salle. Entre autres exemples des sympathies qu'inspire cette œuvre,
je signalerai encore que des personnes occupant des positions sociales relativement élevées, prêtent parfois leur concours dans les soirées de la Société en chantant ou en exé-

cutant des morceaux de musique. Leur concours constitue
plus qu'un attrait, il inspire dans l'esprit de l'auditoire un
sentiment de satisfaction intime ; le public de ces soirées
comprend que c'est pour lui être agréable que ces personnes viennent se faire entendre, que leur présence est un
témoignage de l'intérêt qu'elles lui portent, que loin de le
dédaigner, de le délaisser, elles se font un plaisir de venir
à lui, de partager un moment ses délassements; il s'en énor-
gueillit et il en a le droit. Une dernière preuve de sympa-
thie accordée à l'œuvre de la Société l'Emulation chrétienne
est donnée par l'empressement que les colonels des régiments qui se succèdent dans la garnison de Rouen, mettent
à augmenter le charme de ces réunions en y faisant entendre de temps en temps les musiques militaires.

Tout prouve donc que ces soirées sont utiles aux mœurs,
tout dans leur organisation montre qu'elles luttent contre
les entraînements des cabarets et des plaisirs malsains. Est-
ce à dire qu'elles ne laissent pas en quelques points
prise à la critique et qu'elles résument tout ce que
l'on peut faire de mieux ? Evidemment non ; aucune
œuvre n'est parfaite. La critique cependant ne porte que
sur des points de détail; le zèle, l'intelligence, le dévouement des organisateurs, l'amour du bien qui les anime atté-
nueront ce qu'il peut y avoir encore de défectueux. Pour
moi, je ne ferai qu'une seule remarque, je trouve que le
programme de ces réunions est trop exclusivement récréatif, je souhaiterais qu'on y fît une part, si faible qu'elle soit,
à la culture intellectuelle et au développement des principes de la morale.

Le Président de la Société, M. Vermont, avocat, compre-
nant toute l'utilité d'un semblable enseignement, a organisé
cette année, avec le concours dévoué de savants, des conférences publiques, littéraires, historiques et scientifiques dans
la salle de la Société.

Ces conférences ont été très-suivies; elles ne peuvent
donner que de bons résultats ; mais elles ont lieu un jour de

la semaine; on y va plus pour s'instruire que pour se distraire; aussi le public qui les fréquente n'est pas identiquement le même que celui des soirées du dimanche. Pour laisser
à celles-ci leur caractère, leur attrait, je ne demanderais pas
à ce qu'elles fussent transformées en cours publics, en conférences, — les orateurs d'ailleurs ne pourraient y suffire, — je
demanderais seulement que le programme comprît des lectures,
la récitation de morceaux de littérature, des causeries scientifiques, artistiques et littéraires, et qu'une demi-heure au plus
y fût consacrée. On pourrait déjà trouver dans le sein même
de la Société des membres qui suffiraient pour une grande
partie à cette tâche; en dehors de la Société, beaucoup de
personnes instruites distrairaient volontiers de temps en temps,
de leurs soirées du dimanche, vingt à trente minutes pour
entretenir l'auditoire de sujets qui leur seraient familiers et
qui ne nécessiteraient pas un travail de préparation.

Cette addition au programme ne manquerait pas de stimuler
le goût de l'étude et l'amour-propre des membres possédant
un peu d'instruction; que l'un d'eux, par exemple, récite
une poésie, une fable, un passage d'un livre de nos grands
écrivains, en pareille chose l'abondance ne ferait pas défaut,
d'autres membres s'efforceront de l'imiter, il y aura émulation; et, comme les sujets devront toujours être choisis en vue
de la morale et de l'instruction, le public venu pour s'amuser,
assistera à une leçon; il en conservera le souvenir, il en parlera pendant la semaine comme il se souviendra et parlera de
la chansonnette applaudie. Les entretiens faits par des personnes étrangères à la Société sur des sujets essentiellement pratiques, ne laisseraient pas moins dans l'esprit de l'auditoire des
enseignements utiles à plus d'un point de vue. Ce n'est pas
sans raison que l'on invoque sans cesse l'instruction pour
élever le niveau moral des sociétés; aussi, quoique le moyen
que je propose n'ait qu'une faible importance, il se rattache
au vœu général, c'est un mode d'enseignement mutuel qui
tournerait au profit des mœurs et du savoir pratique.

Je me résume en disant que je regarde les Sociétés de se

cours mutuels bien organisées, bien disciplinées comme
étant d'un secours efficace pour combattre le penchant, les
tendances de notre société aux abus des liqueurs alcooliques,
que l'exemple donné par la Société de secours mutuels
l'Émulation chrétienne de Rouen en instituant des soirées
hebdomadaires où des individus, des familles entières peuvent venir se récréer, s'instruire, se moraliser est à encourager,
et à imiter. Que, si on objecte que l'institution de semblables
réunions est d'une exécution difficile, je répondrai que de
l'avis du président de la Société l'Émulation, ce qui s'est
fait à Rouen peut se faire dans toutes les autres grandes
villes, même dans celles de moindre importance.

III

CENTRES DE RÉUNION.

En dehors des Sociétés de secours mutuels il en est d'autres qui contribuent également à la lutte entreprise contre le mal de l'ivrognerie et que, conséquemment, on ne peut
trop signaler à l'attention publique.

Je citerai d'abord les cercles catholiques de jeunes gens et
d'hommes. Je ne veux pas ici invoquer les considérations re-
ligieuses qui ont présidé à l'organisation de ces cercles ; il y
aurait sans doute plus d'une déduction avantageuse à en tirer
en faveur du sujet qui m'occupe, je veux seulement m'arrêter
sur les moyens qu'ils fournissent pour combattre le désœuvrement, le danger des mauvaises compagnies, et pour offrir
d'agréables et honnêtes distractions.

Réunir dans un local bien installé, proprement et même
coquettement tenu, des jeunes gens dont la moralité est con-
nue, affirmée ; leur procurer des jeux divers : billards,
cartes, échecs, etc.. mettre à leur disposition des journaux, des
revues, des livres instructifs, récréatifs, ne leur servir que
de la bière et des rafraîchissements, n'est-ce pas les détourner
du chemin des cafés et leur procurer les plaisirs, les distractions dont ils ont besoin. J'ai vu de ces réunions de jeunes

gens, j'ai vu l'entrain de leurs conversations, j'ai vu leur bonne tenue, j'ai senti tout ce qu'il y avait de bon, de noble, d'entraînant dans cette jeunesse que le souffle de la débauche, que l'abrutissement de l'alcool n'avaient pas atteinte, j'ai compris toute la sécurité que ces cercles peuvent offrir à la jeunesse ; il y a là, on le sent, une atmosphère de vertus qui sont le partage des fils respectueux et soumis à leurs parents, des jeunes cœurs que le sentiment du bien, du beau, inspire, que l'amour de la patrie anime, des jeunes hommes en un mot qui se préparent par la moralité, par la tempérance, au rôle d'hommes, de chefs de famille qu'ils auront à remplir un jour.

L'instruction n'est pas délaissée dans ces cercles catholiques, loin de là. Des conférenciers distingués viennent s'y faire entendre ; leur auditoire étant préparé déjà par des études antérieures, ils peuvent aborder des sujets élevés, les traiter avec les développements nécessaires.

Des cercles catholiques d'ouvriers ont été créés assez récemment ; les promoteurs de cette œuvre lui consacrent avec un grand zèle leur intelligence, leur dévouement ; les résultats qu'ils obtiendront seront profitables à la cause de la tempérance. Ces cercles offrent des délassements, des récréations aux classes ouvrières ; c'est un grand bien, mais il serait plus grand encore si les familles des ouvriers pouvaient y prendre part. Tout ce qui peut entretenir l'intimité de la vie de famille est à encourager ; ne perdons pas de vue, comme le rappelait dernièrement M. Dumas, au sein de la Société de Tempérance, le rôle important que la femme peut remplir dans le combat contre le penchant aux boissons alcooliques ; ne l'isolons donc pas, et tâchons, au contraire, qu'elle soit le plus souvent possible la *compagne* de son mari.

D'autres réunions existent encore pour les jeunes gens et pour les hommes dont le but est toujours de les éloigner du mal et de ses tentations. Il faut bien le reconnaître et le dire hautement, le clergé catholique est animé à cet égard d'une noble ardeur, le nombre des réunions qu'il crée ainsi est considérable, ses efforts sont constants, son dévouement est de tous les instants. Pourquoi donc le bien produit ne répond-il pas à tant de zèle ? C'est que beaucoup, parmi ceux qui gagneraient le plus à suivre ces réunions, s'en éloignent uniquement parce qu'ils savent que le sentiment chrétien y préside ; les uns, c'est le plus petit nombre, lui sont antipathiques par conviction, d'autres le redoutent parce qu'il inflige un blâme continuel à leur conduite, d'autres enfin, et ceux-ci sont les plus nombreux, sont arrêtés par le respect humain.

Ce que font le clergé catholique, les hommes religieux, ne pourrait-il pas être fait par les hommes qui, animés de sentiments philanthropiques, pensent qu'il est d'autres voies que la morale religieuse pour arriver au bien ? Peut-être que oui, et nul doute que de leur côté ils ne puissent concourir efficacement à la moralisation des individus, mais de nos jours, il faut plus que des discours, que des écrits, que des conseils, il faut des *œuvres* ; le mal a les siennes, et elles sont nombreuses ; pour lutter contre elles il faut que le bien ait aussi les siennes.

Des chefs d'industrie, de maisons de commerce ont établi chez eux des réunions où employés, ouvriers peuvent venir se distraire, se récréer; quelques-unes de ces réunions sont suivies, d'autres sont tout à fait abandonnées ; là, ce n'est pas l'élément chrétien qui fait obstacle, c'est la direction qui fait défaut. L'industriel, le commerçant malgré son bon vouloir, son dévouement ne peut présider, surveiller ces réunions, il en est le fondateur, l'organisateur, il ne peut en être le régisseur. Les individus ainsi rassemblés apportent respectivement leurs volontés, ils se sentent ou se croient maîtres, il y a confusion, trouble, querelle même; les employés, les ouvriers mécontents, froissés dans leur susceptibilité désertent la réunion, celle-ci n'appelle plus qu'un nombre de membres restreint et bientôt elle se dissout d'elle-même. J'ai vu ce fait se produire plusieurs fois. Des essais de cette nature sont cependant dignes du plus grand intérêt ; les industriels, les commerçants qui les abordent méritent bien de l'humanité, et nul doute que si des hommes dévoués, disposant de quelques loisirs, pouvaient leur prêter un intelligent concours, ces tentatives ne produisissent. par rapport à la tempérance, d'heureux résultats.

Mais ces tentatives ne doivent pas exclure celles qui peuvent se faire plus en grand, il faut que les forces se groupent, que les efforts se réunissent pour l'institution de réunions analogues à celles que la Société de secours mutuels, l'Émulation chrétienne a créées.

Dans les villes de moyenne importance, cette création serait moins facile sans doute, les éléments de succès seraient moins nombreux, cependant partout où il y a des sociétés de secours mutuels, partout où il y a des hommes de cœur et d'action elle pourrait réussir ; les membres des sociétés formeraient déjà un groupe important tout prêt à se rendre à l'appel d'une récréation morale, peu dispendieuse, accessible à tout le monde ; les débuts seraient inévitablement modestes, peut-être même peu encourageants ; avec de la persévérance on arriverait à un résultat ; mais une condition indispensable de succès, c'est l'organisation même de ces réunions ; rien, en fait d'ordre, de discipline, ne doit être laissé à la volonté de chacun, les innovations, les modifications des statuts, du règlement doivent être commandées par l'expérience, dictées par la nécessité du progrès et mûrement délibérées ; tout ce qui peut être un prétexte de désordre, tout ce qui peut directement ou indirectement porter atteinte à la morale doit être sévèrement banni. mais aussi tout ce qui peut augmenter l'attrait de ces réunions, tout ce qui peut accentuer leur caractère récréatif doit être essentiellement favorisé.

Dans les petites localités, dans les campagnes, l'organisation de semblables réunions rencontrerait des difficultés de plus d'un ordre ; faut-il en conclure qu'elle est d'une exécution impossible ? Non : des faits prouvent le contraire. Je me rappelle que, il y a vingt-cinq ans, les jeunes gens d'un chef lieu de canton d'un de nos départements de

l'ouest, qui n'avaient d'autres distractions que celles que
leur offraient les cafés et qui en usaient pour ainsi dire
journellement, hiver comme été, eurent l'idée de créer
un théâtre, et de jouer, comme on disait alors, la Co-
médie. L'un d'eux disposant de loisirs, pouvant faire quelques petits sacrifices d'argent, intelligent et homme d'action, fut chargé de l'organisation. Il fut nommé directeur-
acteur; on se partagea les autres fonctions, sans oublier
celle du souffleur, qui, en pareille circonstance, ne pouvait être une sinécure. L'idée fut favorablement accueil-
lie par le public de la localité; la municipalité prêta les
combles de la mairie. On se mit à l'œuvre gaiement,
avec l'entrain de la jeunesse et avec l'enthousiasme qui
est le partage de cet âge. Chacun se fit menuisier, peintre, décorateur, etc., le grenier fut bientôt transformé en
une salle qui ne pouvait avoir la prétention d'être
luxueuse, mais qui était convenablement appropriée à
l'usage auquel on allait la destiner. On fit choix de vau-
devilles, de pièces de théâtre, qui ne pouvaient cho-
quer les mœurs et qui n'offraient pas de sérieuses difficultés d'exécution, on se divisa les rôles, on les copia,
on les apprit; tout cela occupa pendant plus de quinze
jours, puis vinrent les répétitions; le temps que l'on
passait ordinairement au café était consacré à ces différents exercices, on trouvait même que les loisirs man-
quaient; enfin, le soir de la représentation arriva. Je
ne dirai rien du talent des acteurs, il ne fut ni au-des-
sus, ni au-dessous de ce qu'il pouvait être, mais ce que
je peux affirmer, c'est qu'il y eut salle comble et que le
public fut content. Le premier pas était fait, les pre-
mières difficultés vaincues, ces soirées théâtrales se renou-
velèrent une ou deux fois par mois, des virtuoses de
l'endroit y prêtèrent leurs concours, les populations des
communes voisines venaient y assister, tout cela alla bien
pendant plus d'une année, les limonadiers n'y trouvaient
pas leur profit, mais on savait se passer d'eux. Malheu-

reusement pour cette entreprise et pour ses bons résultats, son jeune organisateur quitta la localité ; on ne put
ou on ne sut le remplacer, la société fut forcée de se
dissoudre et ses membres reprirent les habitudes de café
comme autrefois. J'ai cité cet exemple pour montrer ce
que peut l'initiative privée et en même temps pour dé-
montrer que le succès dans l'espèce tient surtout au mode
d'organisation.

J'en citerai encore un autre, également à ma connaissance.

Il y a trente et quelques années un jeune prêtre fut
appelé à desservir une petite paroisse de 350 personnes
environ. Sa commune se composait d'une agglomération
de maisons où l'on comptait un grand nombre de cafés,
de cabarets et de débits clandestins, c'était une commune vouée à l'intempérance. Le jeune prêtre, dans le but
de lutter contre ce fléau, institua chez lui, dans son pres-
bystère des jeux auxquels il convia tous les jeunes gens
et les hommes ; il se multipliait pour être à tous ceux
qui répondaient à son appel, il avivait leur gaieté, il la
stimulait. Il eut la satisfaction de voir le succès cou-
ronner ses efforts, mais, par cela même qu'il réussissait, il
vit se former contre lui une ligue hostile, la ligue du
mal ; on l'accusa de faire naître et d'entretenir dans l'esprit de ses habitués la passion du jeu, on lui reprocha
de laisser jouer de l'argent, on le décria, on le calomnia.
Il était facile de savoir d'où venaient les plaintes et les
reproches injustes, ils émanaient de ceux qui voyaient leurs
clients habituels les délaisser ; quoiqu'ils défendissent une
mauvaise cause ils surent triompher, ils surent surtout se
servir d'un moyen qui réussit souvent ; ils raillèrent les dé-
serteurs des cafés, les habitués du presbytère. Le curé ne
pouvait seul soutenir la lutte, les devoirs de son ministère
d'ailleurs s'y opposaient.

Un ecclésiastique du centre de la France serait, dit-on,
présentement plus heureux. Fondateur d'une œuvre rurale,

qui date de quatre ans, dont il est le Président, qui a pour
siége une commune de 650 habitants, il réunit au presbytère
les jeunes gens de la localité et des localités voisines. Pro-
gressivement, il est arrivé à pouvoir construire une salle,
aménager une cour, acheter un harmonium, un billard, etc.
Dans l'été, les barres, la balle au rond, la balle au chasseur
sont les principaux exercices de ce cercle rural; dans l'hiver,
le billard, les autres jeux d'intérieur, la musique fournissent
des distractions. Le Président fait des lectures et des allocu-
tions attrayantes et instructives. On ne consomme aucune
boisson enivrante.

L'idée de former des réunions d'individus, de familles entières dans un but d'instruction et surtout de moralisation
trouve partout des promoteurs.

En 1868, M. E. Delattre, avocat du barreau de Paris,
membre de la Société philotechnique, dans une conférence
faite à Vernon et dont le sujet était l'éducation dans la famille,
est entré à cet égard dans des aperçus nouveaux, vraiment
dignes d'attention. M. le docteur Delasiauve, aussi profond
moraliste que savant médecin, en a publié un résumé.

« Dans son allocution, semée de rapprochements heureux,
d'anecdotes piquantes et vivement applaudies, M. Delattre,
dit-il, n'a pas seulement démontré les avantages d'une bonne
éducation de famille. Dans un cadre pittoresque et éminem-
ment dramatique, il a exposé d'une manière saisissante, un
mode ingénieux d'enseignement mutuel qui, s'il prenait ra-
cine, étendrait jusqu'au cœur de nos moindres villages, le
savoir pratique, le rayonnement des mœurs, les habitudes
d'une précieuse solidarité.

» On sent depuis longtemps le besoin d'imprimer à l'instruction populaire un cachet professionnel. Des essais ont été
tentés et se poursuivent avec des chances inégales. Nous
croyons et nous l'avons dit, qu'on complique une question
fort simple. La proposition de M. Delattre rentre en partie
dans nos idées.

» Il voudrait qu'entre voisins on organisât de petits cercles où, une ou deux fois la semaine, notamment le dimanche, se rendraient, tour à tour, dans chaque maison, les enfants des deux sexes pour participer, en présence et avec le concours des parents, à des leçons et à des conférences communes. Le sujet, traité par celui chez qui se tiendrait la séance, porterait spécialement sur sa profession, dont il ferait connaître l'origine, les phases, les épisodes légendaires, la substance, les procédés, les ressources, les débouchés. Au premier abord, l'horizon de cette étude paraît limité. L'analyse à laquelle s'est livré le disert orateur, en mettant en scène un certain nombre de types, le menuisier, le charbonnier, le tailleur, le cordonnier, le serrurier, l'épicier, etc., prouve, au contraire, qu'il serait presque sans bornes. Sa parole a été une évocation perpétuelle et surprenante. Il n'y a point d'état, en effet, qui ne se lie intimement aux intérêts sociaux et ne puisse devenir l'occasion des plus instructives démonstrations scientifiques, historiques et morales.

» Quel chemin ne ferait-on pas avec l'épicier dissertant sur la variété infinie des produits indigènes et exotiques qu'il emmagasine et débite? L'histoire des corporations n'est-elle pas, à elle seule, le tableau le plus complet et le plus vivant des besoins, des préjugés, des passions de nos ancêtres? L'exemple de l'infortuné Louis XVI, se complaisant à fabriquer des serrures, a plus qu'attendri l'auditoire. Le charbonnier maintenant, devant un autre prince, son droit d'être maître en son logis, fournirait incidemment un vivant modèle d'indépendance. Son métier est humble, et, cependant, quelle ample matière, que d'heures à consacrer, s'il fallait énumérer les diverses séries de charbon, en indiquer la provenance, l'extraction, les prix de revient, de transport, la consommation, dire les travaux et les dangers des mines, etc.! La menuiserie, associée à toutes les splendeurs, et qui compte parmi ses illustrations le fameux poëte de Nevers (maître Adam), est elle-même une application constante des principes de la science. Oublierons-nous l'agriculture, dont le domaine embrasse la nature entière?

» Dans ce parcours, toutes les branches pourraient être
mises à contribution et fécondées : histoire, géographie, littérature, arithmétique, géométrie, dessin, comptabilité, économie industrielle et domestique. La moralité surtout bénéficie-
rait largement, en raison de l'harmonie des esprits et des
cœurs, d'où naîtraient, au besoin, une protection affectueuse,
une tutelle efficace pour ceux que le malheur atteindrait, ou
qui demeureraient orphelins. Il est vrai que peu de chefs de
famille sont mûrs pour un tel rôle. M. Delattre ne se l'est pas
dissimulé. Mais le temps marche, les notions se généralisent,
il y a des ouvrages à consulter sur la plupart des spécialités et
il semble opportun à notre collègue que, dès à présent, on
prépare les semences de l'avenir. »

Conclusions.

1° Les Sociétés de secours mutuels en inspirant à tous leurs
membres des idées d'économie, de prévoyance, de solidarité,
apprenant aux sociétaires à compter avant tout sur eux-mêmes,
leur rappelant sans cesse que les maladies peuvent les arrêter
dans leur travail, constituent un frein contre les envahisse-
ments de l'intempérance ;

2° Il est à souhaiter que ces Sociétés tiennent sévèrement
à l'exécution de l'article de leurs règlements en vertu duquel
des amendes sont infligées aux membres qui font des excès
alcooliques, il est désirable même qu'elles redoublent de sévé-
rité à cet égard et qu'elles bannissent de leur sein tout homme
qui a des habitudes notoires d'intempérance ;

3° Parmi les récompenses que les Sociétés de secours mutuels décernent aux membres qui se signalent par leur zèle,
leur dévouement à la Société, il devrait en exister pour ceux
qui se recommandent par leur sobriété ;

4° Dans l'intérêt de chaque Société et dans celui de toutes
en général, il y aurait avantage à ce qu'elles fussent en relation
directe, en communion d'action avec la Société française de
tempérance ;

5° Dans un but d'instruction et de moralisation, les Sociétés de secours mutuels devraient instituer des conférences populaires, des instructions auxquelles tous les membres indistinctement, hommes, femmes et enfants fussent convoqués ;

6° Comme le besoin de distractions, de récréations, existe pour toutes les classes de la société, et que trop souvent c'est aux cafés, aux cabarets que les jeunes gens, les hommes, les pères de famille même s'adressent pour le satisfaire, il y aurait intérêt pour les Sociétés de secours mutuels à ce qu'elles organisassent des réunions où, moyennant de faibles cotisations, les hommes, les femmes et les enfants, c'est-à-dire les familles entières, puissent trouver l'occasion de se distraire, de se récréer ;

7° Toutes les institutions qui ont pour but d'offrir aux individus, quelle que soit leur position sociale, les moyens de passer agréablement leurs heures de loisir, et qui leur inspirent des sentiments de moralité, sont pour la cause de la tempérance un véritable bienfait ;

8° Partout où ces institutions n'existent pas, les hommes dévoués au bonheur de leur pays, animés du désir d'être utiles à leurs concitoyens, accompliraient un acte de haute moralité en en créant et en les soutenant ;

9° L'habitude de fréquenter les cafés, les estaminets, les cabarets, les débits, entrant de plus en plus dans nos mœurs, accroît d'une façon sensible l'usage et l'abus des liqueurs enivrantes ;

10° Pour lutter contre cette tendance pernicieuse, il est urgent de créer des réunions, des moyens de récréation accessibles à toutes les bourses où on ne puisse trouver ni mauvais exemples, ni excitation aux boissons alcooliques.

Paris. — Imprimerie de E. Donnaud, rue Cassette, 9.